Impressum
Verlag: BABADADA GmbH, Nedderfeld 112 , 22529 Hamburg
Geschäftsführer / Verlagsleitung: Harald Hof
Druck: Books on Demand GmbH, In de Tarpen 42, 22848 Norderstedt

Imprint
Publisher: BABADADA GmbH, Nedderfeld 112 , 22529 Hamburg, Germany
Managing Director / Publishing direction: Harald Hof
Print: Books on Demand GmbH, In de Tarpen 42, 22848 Norderstedt, Germany

школа

училище

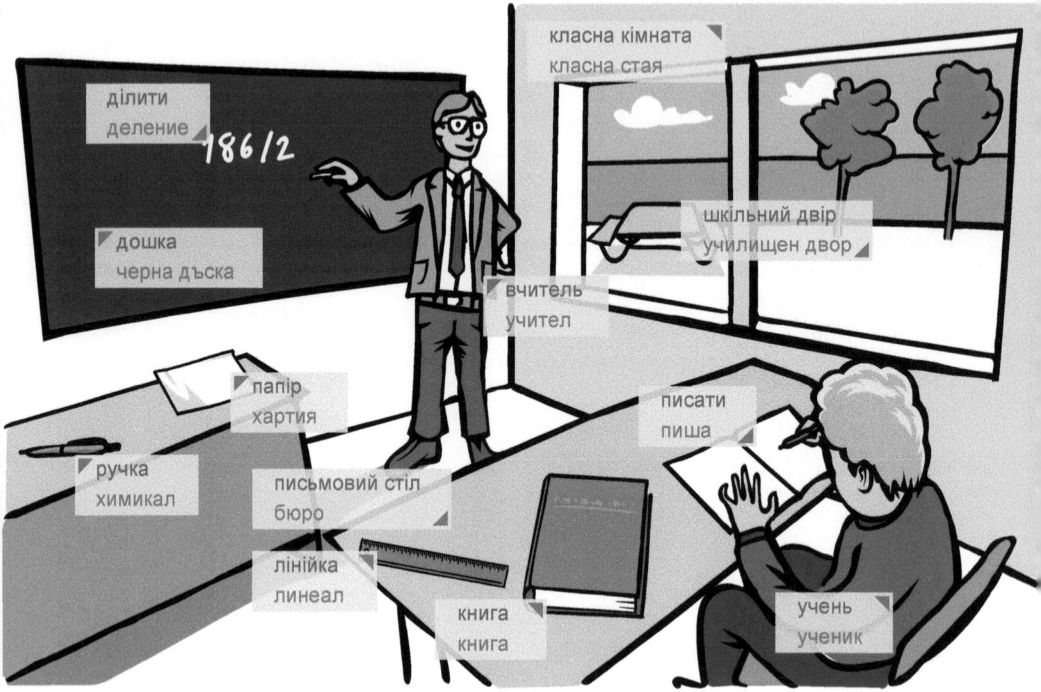
класна кімната
класна стая
ділити
деление
186/2
дошка
черна дъска
шкільний двір
училищен двор
вчитель
учител
папір
хартия
писати
пиша
ручка
химикал
письмовий стіл
бюро
лінійка
линеал
книга
книга
учень
ученик

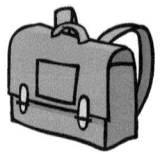

ранець

ученическа раница

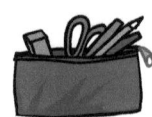

пенал

ученически несесер

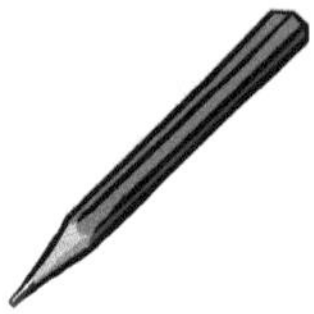

олівець

молив

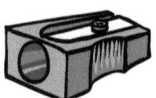

точило

острилка за моливи

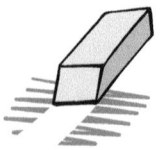

гумка

гума

альбом для малювання

блок за рисуване

малюнок

рисунка

пензель

четка

коробка фарб

акварелни бои

ножиці

ножица

клей

лепило

зошит

тетрадка за упражнения

домашнє завдання

домашна работа

12

число

число

2+2

додавати

събиране

5-2

віднімати

изваждане

2×2

множити

умножение

рахувати

смятане

A

літера

буква

ABCDEFG
HIJKLMN
OPQRSTU
VWXYZ

абетка

азбука

слово

дума

текст

текст

читати

чета

крейда

тебешир

година

час

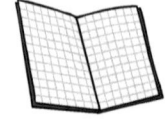

класний журнал

дневник на класа

екзамен

изпит

диплом

свидетелство

шкільна форма

ученическа униформа

освіта

образование

лексикон

справочник

університет

университет

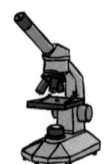

мікроскоп

микроскоп

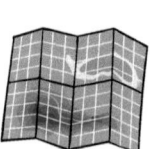

карта

карта

кошик для паперу

кошче за хартиени
отпадъци

школа - училище

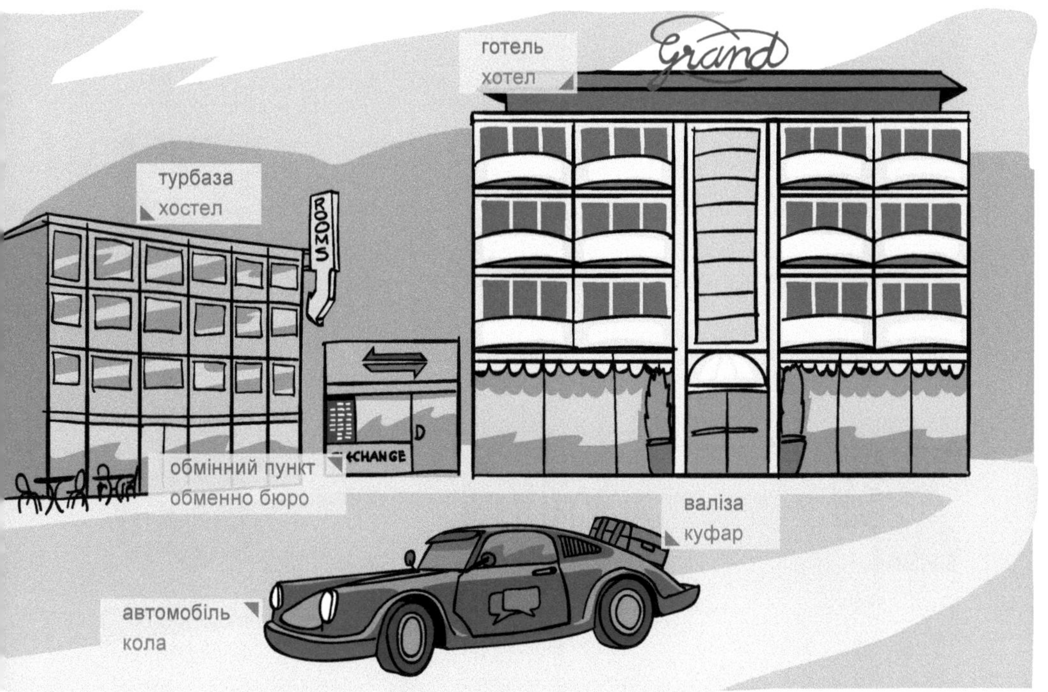

готель
хотел
Grand
турбаза
хостел
ROOMS
обмінний пункт
обменно бюро
EXCHANGE
валіза
куфар
автомобіль
кола

мова
....
език

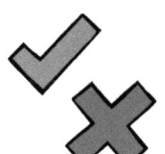

так / ні
....
да / не

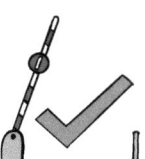

добре
....
Окей

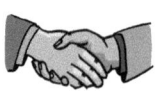

привіт
....
здравей

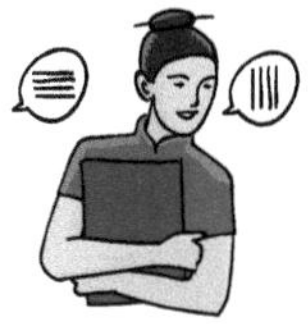

перекладач
....
преводач

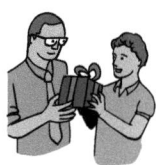

дякую
....
Благодаря

Скільки коштує ...?

Колко струва...?

Я не розумію

Не разбирам

проблема

проблем

Добрий вечір!

Добър вечер!

Доброго ранку!

Добро утро!

На добраніч!

Лека нощ!

До побачення

довиждане

напрямок

посока

багаж

багаж

сумка

пътна чанта

рюкзак

раница

гість

посетител

кімната

стая

спальний мішок

спален чувал

намет

палатка

подорож - пътуване

туристична інформація

туристическа информация

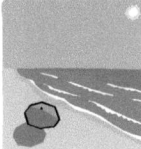

пляж

плаж

кредитна картка

кредитна карта

сніданок

закуска

обід

обед

вечеря

вечеря

квиток

билет

ліфт

асансьор

поштова марка

пощенска марка

межа

граница

митниця

митница

посольство

посолство

віза

виза

паспорт

паспорт

транспорт
транспорт

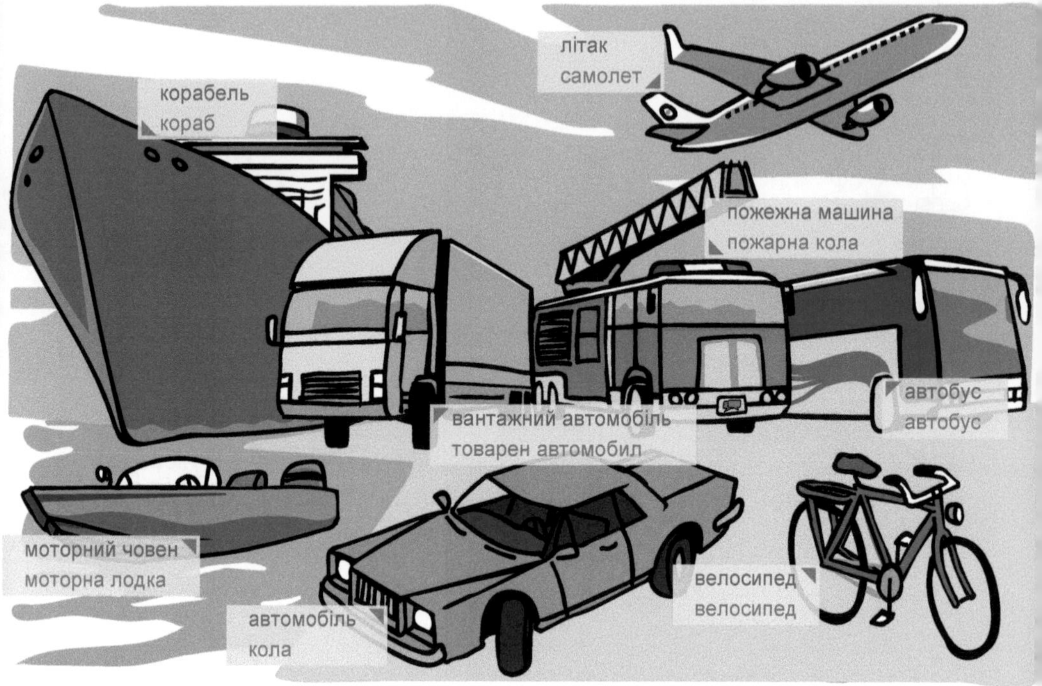

літак
самолет
корабель
кораб
пожежна машина
пожарна кола
автобус
автобус
вантажний автомобіль
товарен автомобил
моторний човен
моторна лодка
велосипед
велосипед
автомобіль
кола

пором
феribот

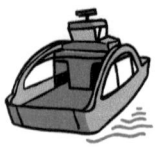

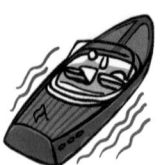

човен
лодка

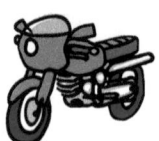

мотоцикл
мотоциклет

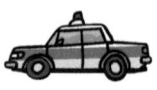

поліцейська машина
полицейска кола

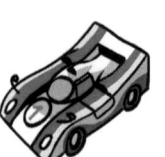

гоночний автомобіль
състезателна кола

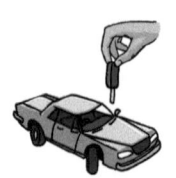

автомобіль на прокат
кола под наем

спільне користування авто

каршеринг

евакуатор

автомобил от "Пътна помощ"

сміттєвоз

сметовоз

двигун

двигател

паливо

бензин

автозаправна станція

бензиностанция

дорожній знак

пътен знак

рух

улично движение

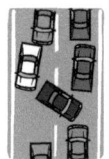

затор

задръстване

стоянка

паркинг

вокзал

гара

рейки

релси

потяг

влак

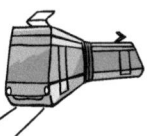

трамвай

трамвай

вагон

вагон

гелікоптер

хеликоптер

аеропорт

аерогара

вежа

кула

пасажир

пасажер

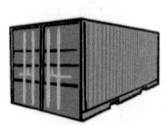

контейнер

контейнер

коробка

кашон

візок

ръчна количка

кошик

кошница

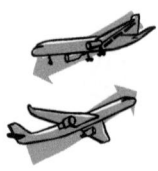

стартувати / приземлятися

излитам / приземявам се

місто

град

село

село

центр міста

градски център

дім

къща

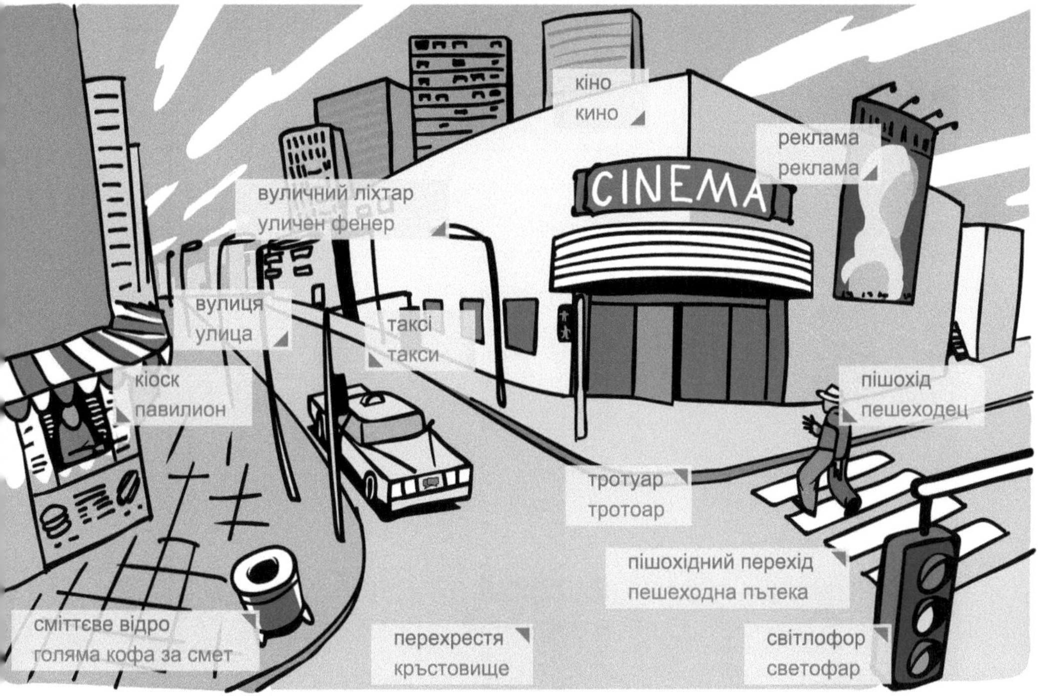

кіно
кино
реклама
реклама
CINEMA
вуличний ліхтар
уличен фенер
вулиця
улица
таксі
такси
кіоск
павилион
пішохід
пешеходец
тротуар
тротоар
пішохідний перехід
пешеходна пътека
сміттєве відро
голяма кофа за смет
перехрестя
кръстовище
світлофор
светофар

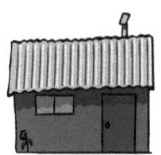

хатина

хижа

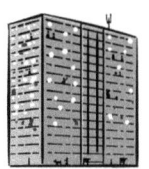

квартира

жилище

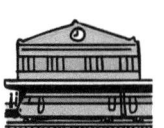

вокзал

гара

ратуша

кметство

MUSEUM

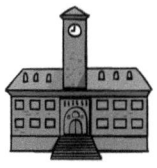

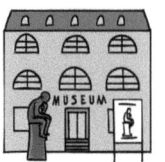

музей

музей

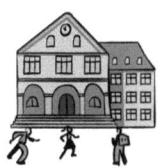

школа

училище

університет

университет

банк

банка

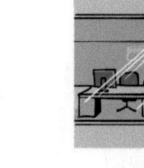

лікарня

болница

готель

хотел

аптека

аптека

офіс

офис

книжковий магазин

книжарница

магазин

магазин за цветя

квітковий магазин

магазин за цветя

супермаркет

супермаркет

ринок

пазар

універмаг

универсален магазин

торговець рибою

търговец на риба

торговельний центр

търговски център

гавань

пристанище

парк

парк

лава

пейка

міст

мост

сходи

стълба

метро

метро

тунель

тунел

автобусна зупинка

автобусна спирка

бар

бар

ресторан

ресторант

поштова скринька

пощенска кутия

вулична табличка

улична табелка

лічильник паркування

часовник за паркинг
престой

зоопарк

зоологическа градина

басейн

плувен басейн

мечеть

джамия

ферма

селски двор

**забруднення
навколишнього
середовища**

замърсяване на околната
среда

кладовище

гробище

церква

църква

дитячий майданчик

детска площадка

храм

храм

ландшафт

пейзаж

листок
листо

вказівний стовп
пътепоказател

шлях
път

луг
ливада

камінь
камък

мандрівник
пътешественик

дерево
дърво

річка
река

трава
трева

квітка
цвете

долина

долина

гора

планина

озеро

море

ліс

гора

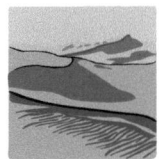

пустеля

пустиня

вулкан

вулкан

замок

замък

веселка

дъга

гриб

гъба

пальма

палма

комар

комар

муха

муха

мурашка

мравка

бджола

пчела

павук

паяк

жук

бръмбар

жаба

жаба

вивірка

катеричка

їжак

таралеж

заєць

заек

сова

кукумявка

птах

птица

лебідь

лебед

кабан

диво прасе

олень

елен

лось

лос

гребля

бент

вітряк

вятърна турбина

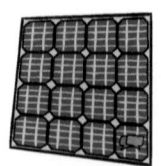

сонячний модуль

соларен модул

клімат

климат

ландшафт - пейзаж

ресторан
ресторант

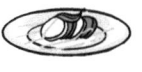

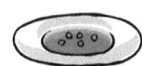

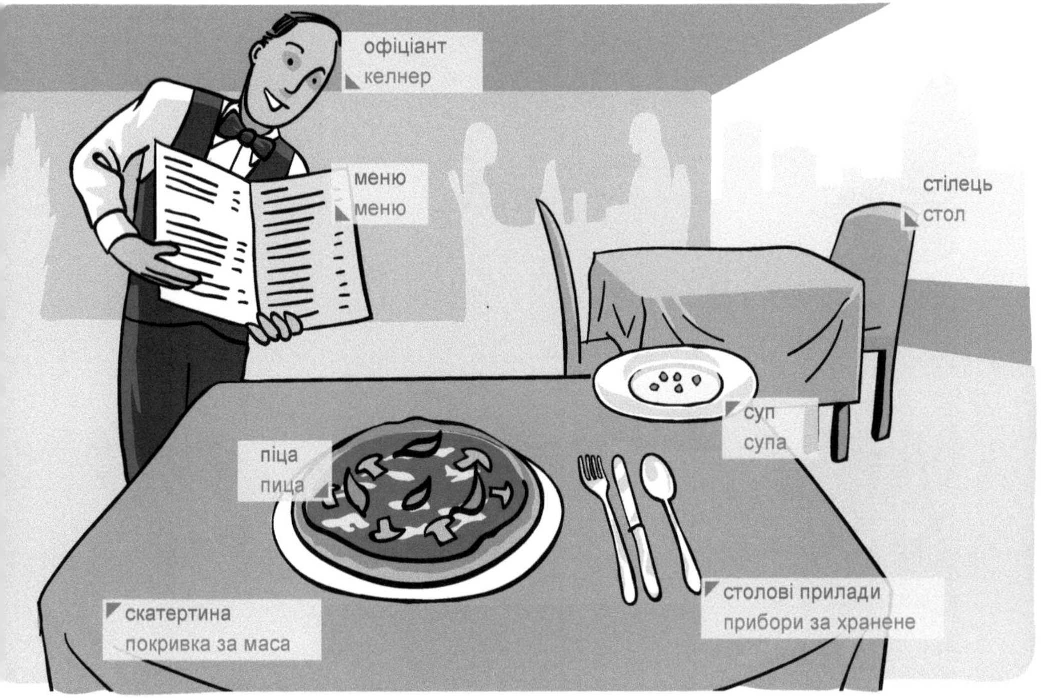
офіціант
келнер
меню
меню
стілець
стол
суп
супа
піца
пица
столові прилади
прибори за хранене
скатертина
покривка за маса

закуска

предястие

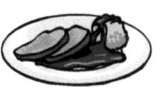

друга страва

основно ястие

десерт

десерт

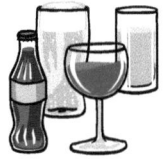

напої

напитки

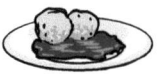

їжа

ядене

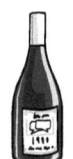

пляшка

бутилка

фаст-фуд

бързо хранене

вулична їжа

улична храна

чайник

кана за чай

цукорниця

кутия за захар

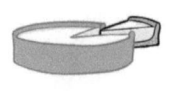

порція

порция

еспресо-машина

еспресо машина

високий стільчик

висок детски стол

рахунок

сметка

піднос

табла

ніж

ножица за нокти

вилка

вилица

ложка

лъжица

чайна ложка

чаена лъжичка

серветка

салфетка

склянка

стъклена чаша

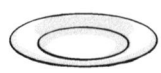

тарілка

чиния

тарілка для супу

чиния за супа

блюдце

чинийка

соус

сос

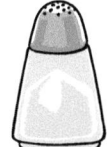

солонка

солница

млин для перцю

мелничка за черен пипер

оцет

оцет

масло

олио

спеції

подправки

кетчуп

кетчуп

гірчиця

горчица

майонез

майонеза

ресторан - ресторант

супермаркет

супермаркет

пропозиція
оферта
клієнт
клиент
FOR
молочні продукти
млечни продукти
фрукти
плодове
візок для покупок
количка за покупки

BUTCHERS

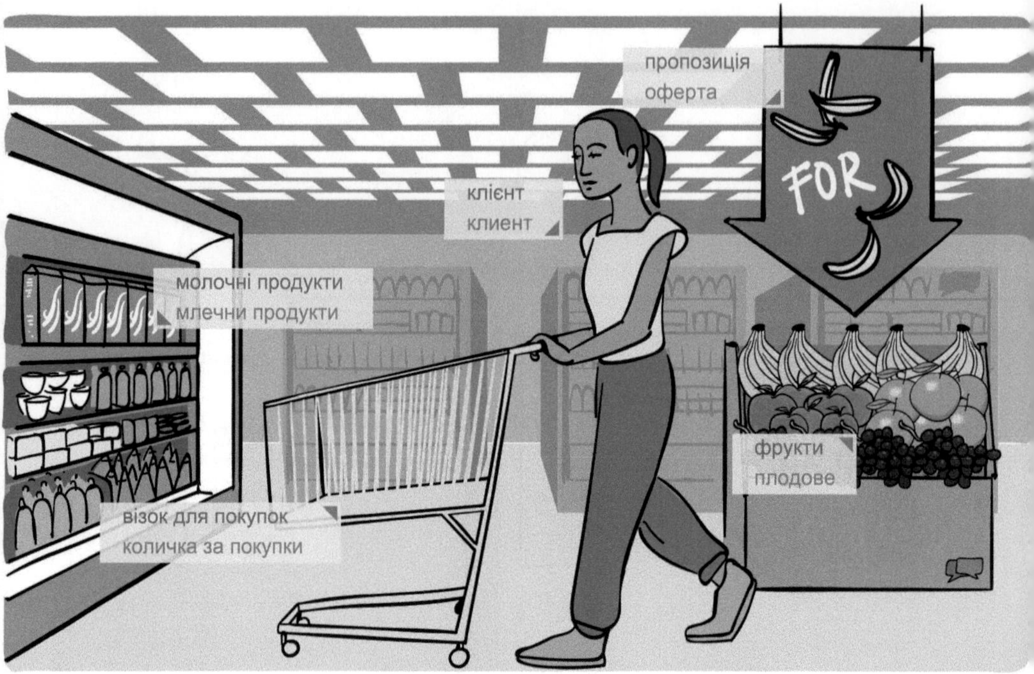

м'ясний магазин

кланица

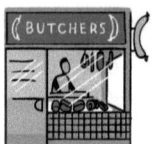

BAKERY

пекарня

хлебарница

зважувати

тегля

овочі

зеленчуци

м'ясо

месо

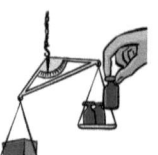

заморожені продукти

дълбоко замразена храна

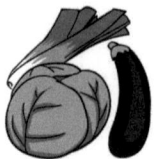

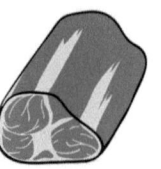

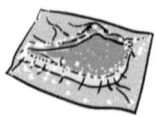

ковбасна нарізка

нарязан колбас или сирене

консерви

консерви

пральний порошок

перилен препарат

солодощи

лакомства

предмети домашнього побуту

домакински изделия

мийний засіб

почистващи препарати

продавщиця

продавачка

каса

каса

касир

касиер

список покупок

списък на покупките

часи роботи

работно време

гаманець

портфейл

кредитна картка

кредитна карта

сумка

чанта

поліетиленовий пакет

пластмасова торба

напитки

вода
....
вода

сік
....
сок

молоко
....
мляко

кола
....
кола

вино
....
вино

пиво
....
бира

алкоголь
....
алкохол

какао
....
какао

чай
....
чай

кава
....
кафе машина

еспресо
....
еспресо

капучіно
....
капучино

банан

банан

яблуко

ябълка

апельсин

портокал

кавун

пъпеш

лимон

лимон

морква

морков

часник

чесън

бамбук

бамбук

цибуля

лук

гриб

гъба

горішки

ядки

локшина

макарони

спагеті

спагети

рис

ориз

салат

салата

картопля фрі

пържени картофи

смажена картопля

печени картофи

піца

пица

гамбургер

хамбургер

бутерброд

сандвич

шніцель

шницел

шинка

шунка

салямі

траен колбас

ковбаса

салам

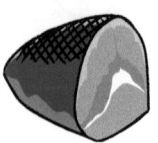

курка

пиле

печеня

печено

риба

риба

вівсяні пластівці

овесени ядки

мюслі

мюсли

кукурудзяні пластівці

корнфлейкс

борошно

брашно

круасан

кроасан

булочка

хлебчета

хліб

хляб

тостовий хліб

препечена филийка

печиво

бисквити

масло

масло

сир

извара

пиріг

сладкиш

яйце

яйце

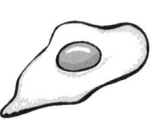

яєчня

яйца на очи

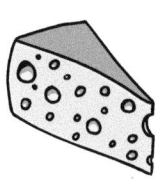

сир

сирене

морозиво

сладолед

цукор

захар

мед

мед

мармелад

мармалад

нуга-крем

нуга крем

карі

къри

ферма
селски двор

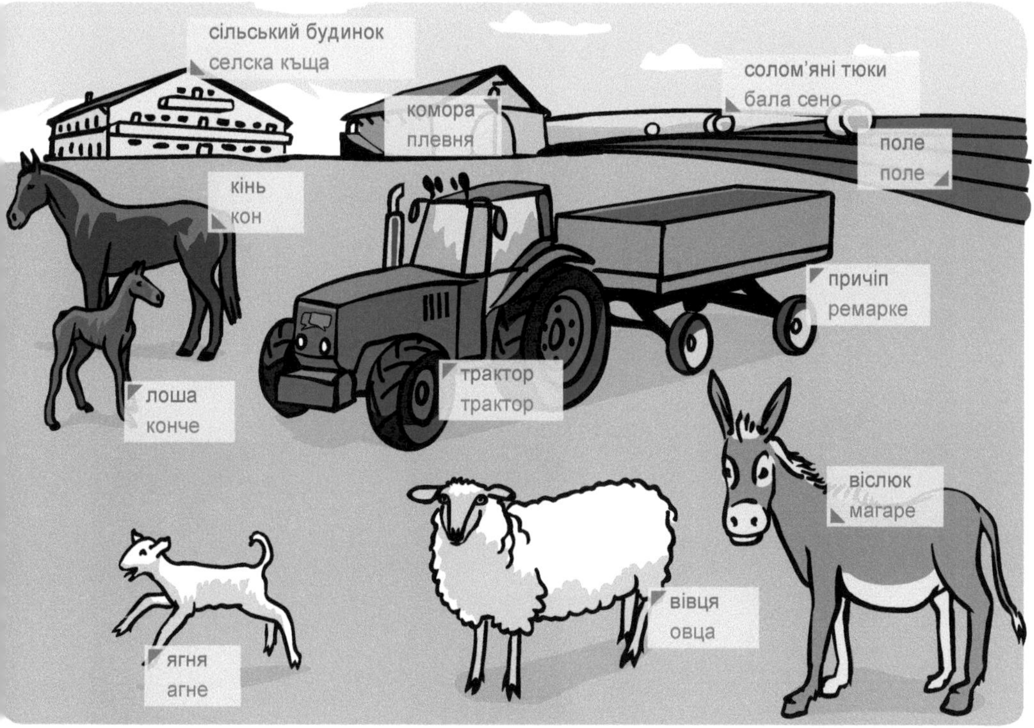

сільський будинок
селска къща
солом'яні тюки
бала сено
комора
плевня
поле
поле
кінь
кон
причіп
ремарке
трактор
трактор
лоша
конче
віслюк
магаре
вівця
овца
ягня
агне

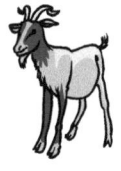

коза

коза

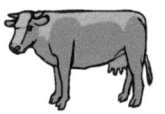

корова

крава

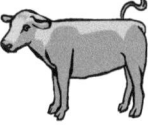

теля

теле

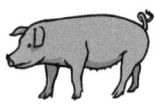

свиня

свиня

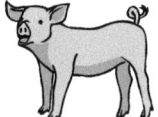

порося

прасенце

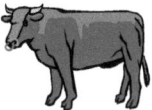

бик

бик

гусак
гъска

качка
патица

курча
пиленце

курка
кокошка

півень
петел

щур
плъх

кіт
котка

миша
мишка

віл
вол

собака
куче

собача будка
кучешка колиба

садовий шланг
градински маркуч

лійка
лейка

коса
коса

плуг
плуг

серп

сърп

мотика

мотика

вила

вила за тор

сокира

брадва

тачка

ръчна количка

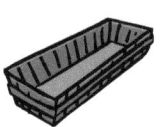

корито

корито

бідон молока

съд за мляко

мішок

чувал

паркан

ограда

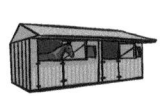

хлів

обор

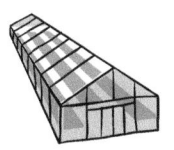

теплиця

парник

ґрунт

земя

насіння

сеитба

добриво

тор

комбайн

комбайн

пожинати

жъна

урожай

реколта

корінь ямсу

ямс

пшениця

жито

соя

соя

картопля

картоф

кукурудза

царевица

ріпак

рапица

плодове дерево

овощно дърво

маніок

маниока

злаки

зърнени храни

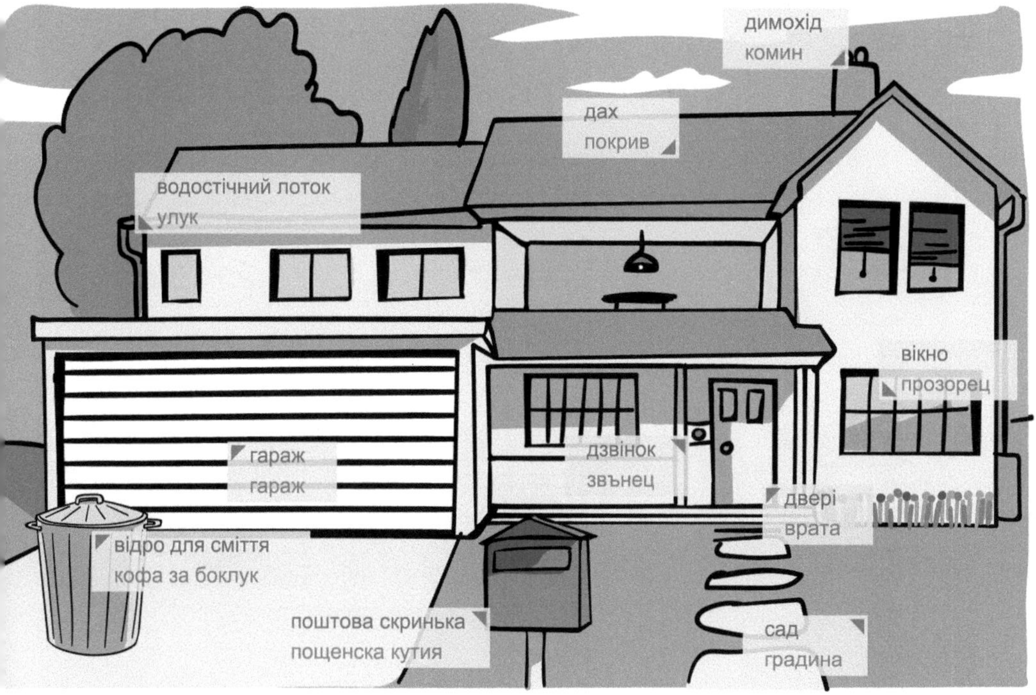

димохід
комин

дах
покрив

водостічний лоток
улук

вікно
прозорец

гараж
гараж

дзвінок
звънец

двері
врата

відро для сміття
кофа за боклук

поштова скринька
пощенска кутия

сад
градина

вітальня

всекидневна

ванна кімната

баня

кухня

кухня

спальня

спалня

дитяча кімната

детска стая

їдальня

трапезария

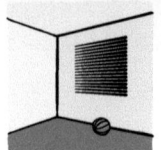

підлога

под

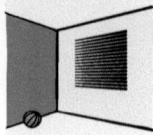

стіна

стена

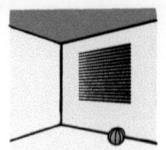

стеля

таван

підвал

изба

сауна

сауна

балкон

балкон

тераса

тераса

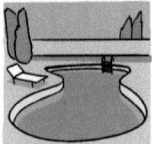

басейн

плувен басейн

косарка

косачка

простирало

спално бельо

ковдра

покривка за легло

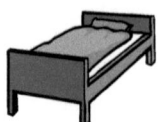

ліжко

легло

мітла

метла

відро

кофа

перемикач

електрически ключ

вітальня
всекидневна

шпалери
тапет
малюнок
картина
лампа
лампа
поличка
рафт
шафа
шкаф
телевізор
телевизор
камін
камина
квітка
цвете
подушка
възглавница
диван
канапе
ваза
ваза
пульт
дистанционно управление

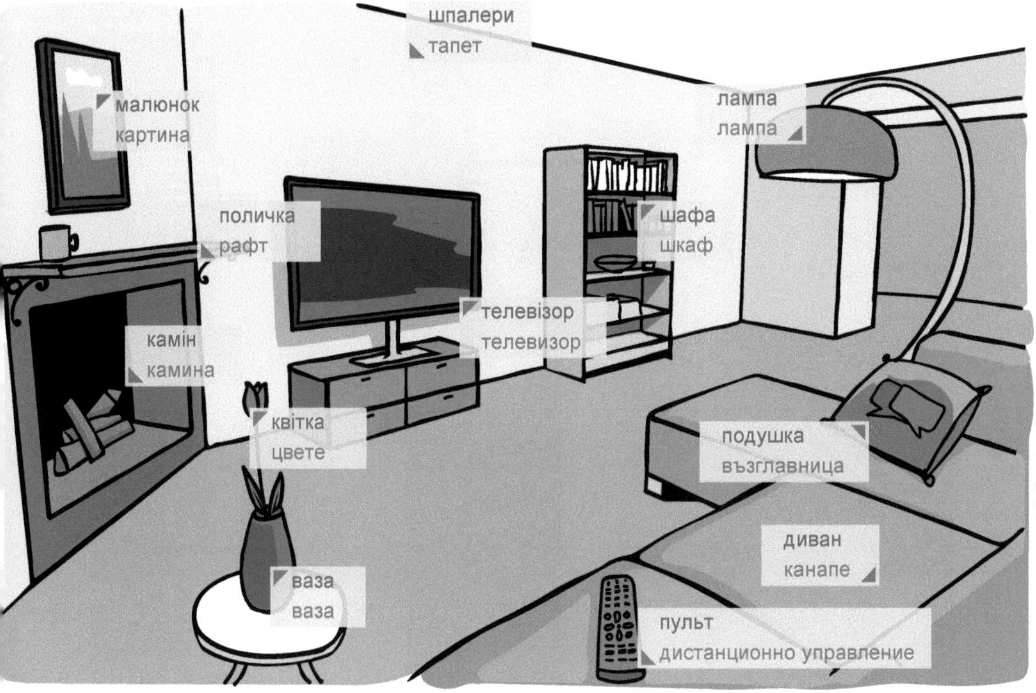

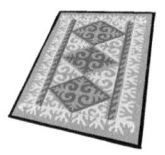

килим

килим

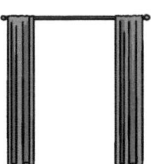

завіса

завеса

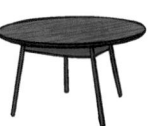

стіл

маса

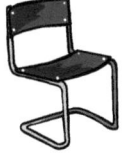

стілець

стол

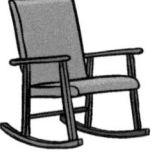

крісло-гойдалка

люлеещ се стол

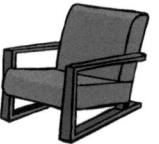

крісло

кресло

книга

книга

ковдра

одеяло

прикраса

декорация

дрова

дърва за отопление

фільм

филм

стереосистема

стерео уредба

ключ

ключ

газета

вестник

картина

живопис

плакат

постер

радіо

радио

блокнот

бележник

пилосос

прахосмукачка

кактус

кактус

свічка

свещ

кухня
кухня

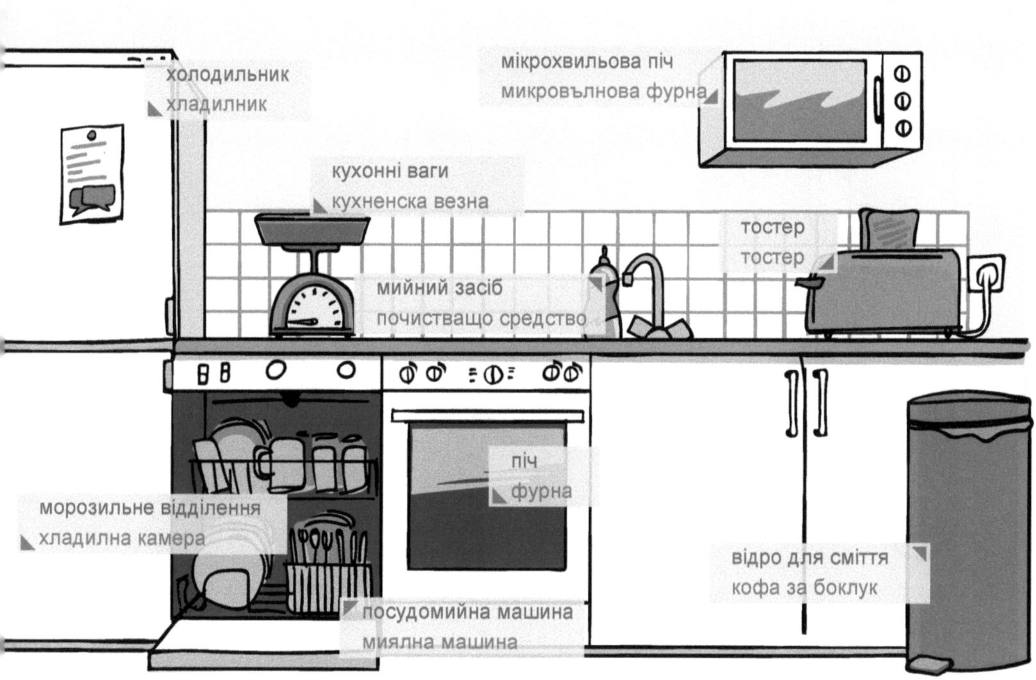

холодильник
хладилник
мікрохвильова піч
микровълнова фурна
кухонні ваги
кухненска везна
тостер
тостер
мийний засіб
почистващо средство
піч
фурна
морозильне відділення
хладилна камера
відро для сміття
кофа за боклук
посудомийна машина
миялна машина

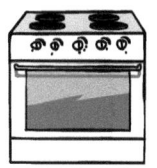

плита

готварска печка

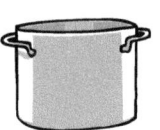

горщик

тенджера

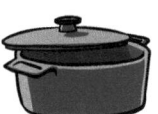

чавунний горщик

желязна тенджера

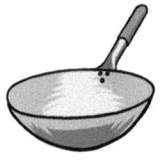

вок / кадай

уок / кадаи

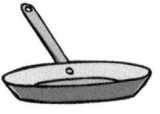

сковорода

тиган

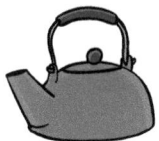

чайник

кана за затопляне на вода

пароварка

уред за готвене на пара

лист

тава за печене

посуд

съдове

кухоль

чаша

чаша

купа

палички для їжі

клечки за хранене

черпак

черпак

лопатка

лопатка за тиган

вінчик для збивання

тел за разбиване (на яйца, белтъци)

сито

кошница за варене

сито

гевгир

терка

ренде

ступка

хаван

барбекю

барбекю

багаття

огнище

дошка

дъска

качалка

точилка

штопор

тирбушон

конзерва

кутия

відкривачка

отварачка за консерви

прихватки

кухненска ръкохватка

раковина

мивка

щітка

четка

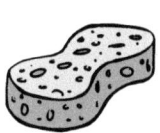

губка

гъба

міксер

миксер

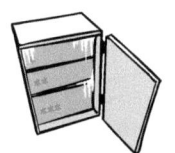

морозильна камера

фризер

дитяча пляшка

бебешко шише

кран

воден кран

ванна кімната

баня

опалення
отопление
рушник
хавлиена кърпа
душ
душ
душова завіса
завеса за баня
піниста ванна
шампоан за вана
ванна
вана
склянка
стъклена чаша
пральна машина
перална машина
кран
воден кран
плитка
плочки
горшок
гърне
раковина
мивка

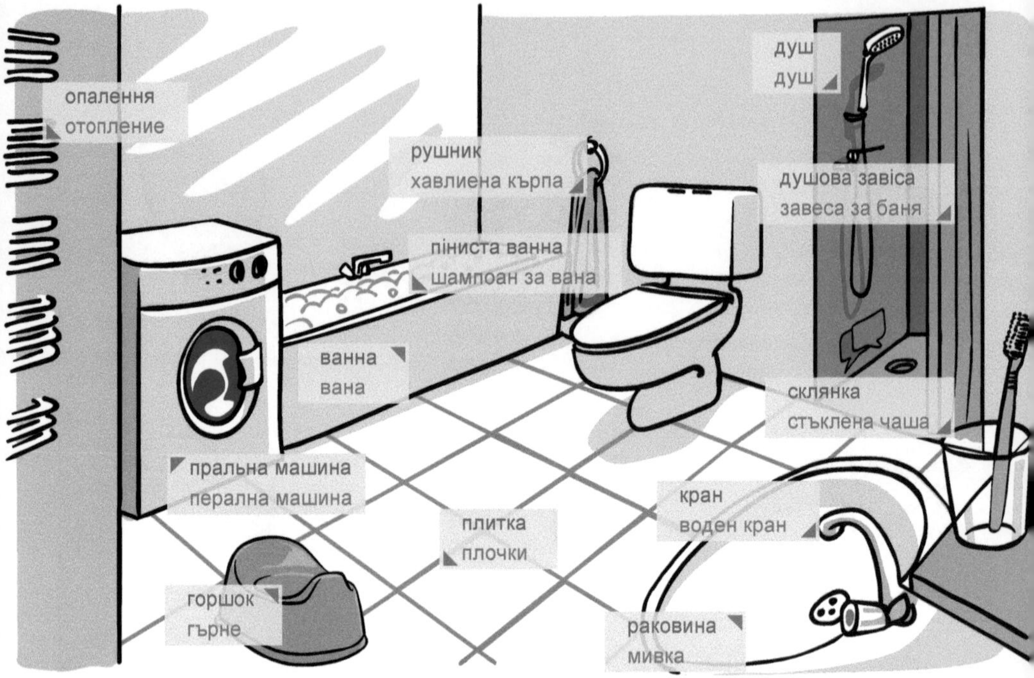

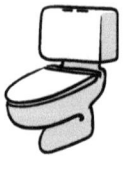

туалет

тоалетна

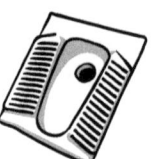

підлоговий туалет

клекало

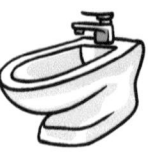

біде

биде

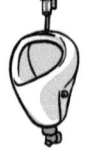

пісуар

писоар

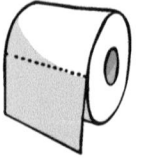

туалетний папір

тоалетна хартия

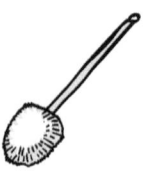

щітка для туалету

четка за тоалетна

зубна щітка

четка за зъби

зубна паста

паста за зъби

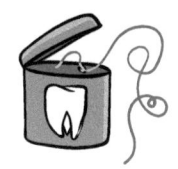

нитка для чищення зубів

конец за зъби

мити

мия

ручний душ

ръчен душ

інтимний душ

интимен душ

таз

леген

щітка для спини

четка за гръб

мило

сапун

гель для душу

душ гел

шампунь

шампоан за вана

мочалка

гъба за баня

водостік

сифон

крем

крем

дезодорант

дезодорант

дзеркало

огледало

косм028ичне дзеркало

козметично огледало

бритва

ръчна самобръсначка

піна для гоління

пяна за бръснене

лосьйон після гоління

одеколон за след
бръснене

гребінь

гребен

щітка

четка

фен

сешоар

лак для волосся

спрей за коса

косметика

грим

губна помада

червило

лак для нігтів

лак за нокти

вата

памук

ножиці для нігтів

ножица за нокти

парфум

парфюм

косметичка

тоалетна чантичка

табурет

табуретка

ваги

везна

халат

хавлия

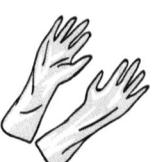

гумові рукавички

домакински ръкавици

тампон

тампон

гігієнічні прокладки

дамски превръзки

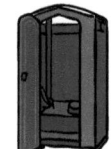

біотуалет

химическа тоалетна

дитяча кімната

детска стая

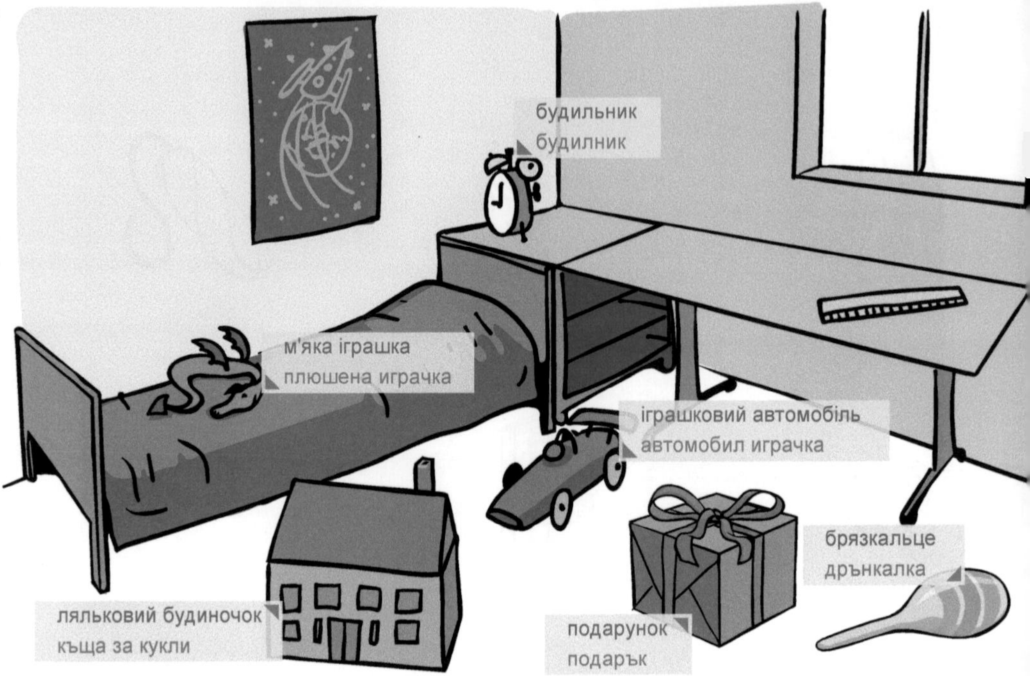

будильник
будилник
м'яка іграшка
плюшена играчка
іграшковий автомобіль
автомобил играчка
брязкальце
дрънкалка
ляльковий будиночок
къща за кукли
подарунок
подарък

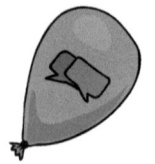

повітряна кулька

балон

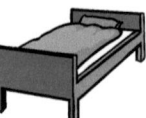

ліжко

легло

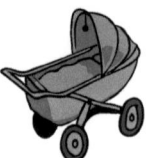

дитячий візок

детска количка

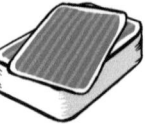

картярська гра

игра на карти

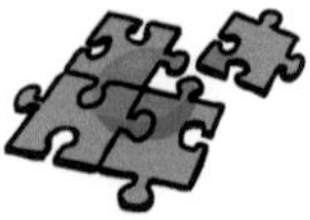

пазл

пъзел

SUPER
MEGA

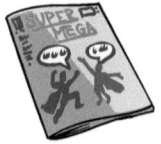

комікс

комикс

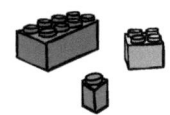

лего цеглинки

лего елементи

блоки

строителни елементи

іграшкова фігурка

екшън фигурка

повзунки

бебешки гащеризон

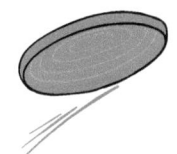

фризбі

фрисби

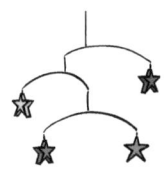

мобіле

бебешки играчки за легло

настільна гра

настолна игра

кубик

зарче

модель залізнична станція

миниатюрно влакче

соска

биберон

вечірка

парти

книжка з картинками

детска книга с илюстрации

м'яч

топка

лялька

кукла

грати

играя

пісочниця

пясъчник

гойдалка

люлка

іграшка

играчка

гральна консоль

игрова конзола

триколісний велосипед

велосипед с три колелета

плюшевий мішка

плюшено мече

шафа

гардероб

одяг

облекло

шкарпетки

къси чорапи

панчохи

дълги чорапи

колготки

чорапогащник

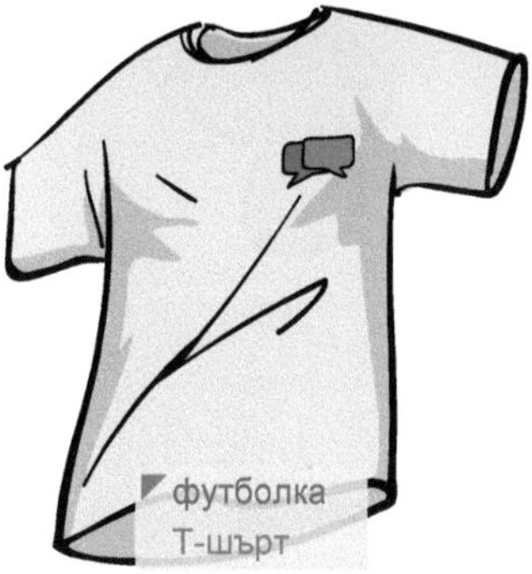

шарф
шал

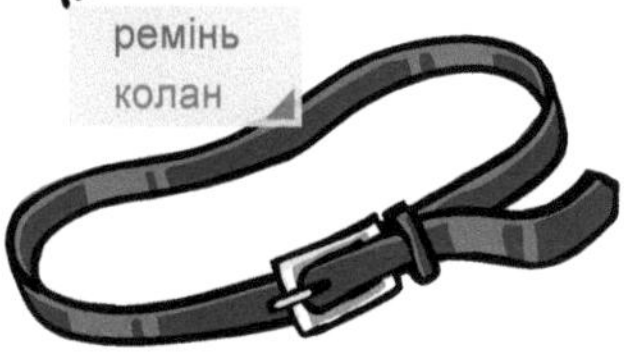

парасоля
чадър

ремінь
колан

футболка
Т-шърт

чоботи
ботуши

домашнє взуття
пантофи

кросівки
гуменки

сандалі
сандали

взуття
обувки

гумові чоботи
гумени ботуши

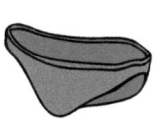

труси
слип

бюстгальтер
сутиен

нижня сорочка
долна блуза

боді

боди

штани

панталон

джинси

дънки

спідниця

пола

блузка

блуза

сорочка

риза

пуловер

пуловер

светр

суичър

піджак

блейзър

куртка

яке

пальто

палто

дощовик

дъждобран

костюм

костюм

сукня

рокля

весільна сукня

булчинска рокля

костюм

костюм

нічна сорочка

нощница

піжама

пижама

сарі

сари

головна хустка

кърпа за глава

чалма

тюрбан

бурка

бурка

кафтан

кафтан

абая

абая

купальник

бански костюм

плавки

плувни шорти

шорти

къс панталон

тренувальний костюм

анцуг

фартух

престилка

рукавички

ръкавици

гудзик

копче

окуляри

очила

браслет

гривна

ланцюг

верижка

кільце

пръстен

сережка

обеца

шапка

каскет

плічка

закачалка

капелюх

шапка

краватка

вратовръзка

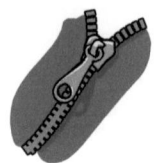

застібка-блискавка

цип

шолом

каска

підтяжки

тиранти

шкільна форма

ученическа униформа

уніформа

униформа

одяг - облекло

nagrudnik
нагрудник
....
лигавник

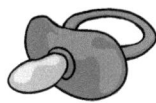

соска
....
биберон

підгузок
....
пелена

шаф для документів
шкаф за документи

сервер
сървър

монітор
монитор

папір
хартия

принтер
принтер

миша
мишка

письмовий стіл
бюро

папка
папка

синтезатор
клавиатура

кошик для паперу
кошче за хартиени отпадъци

стілець
стол

комп'ютер
компютър

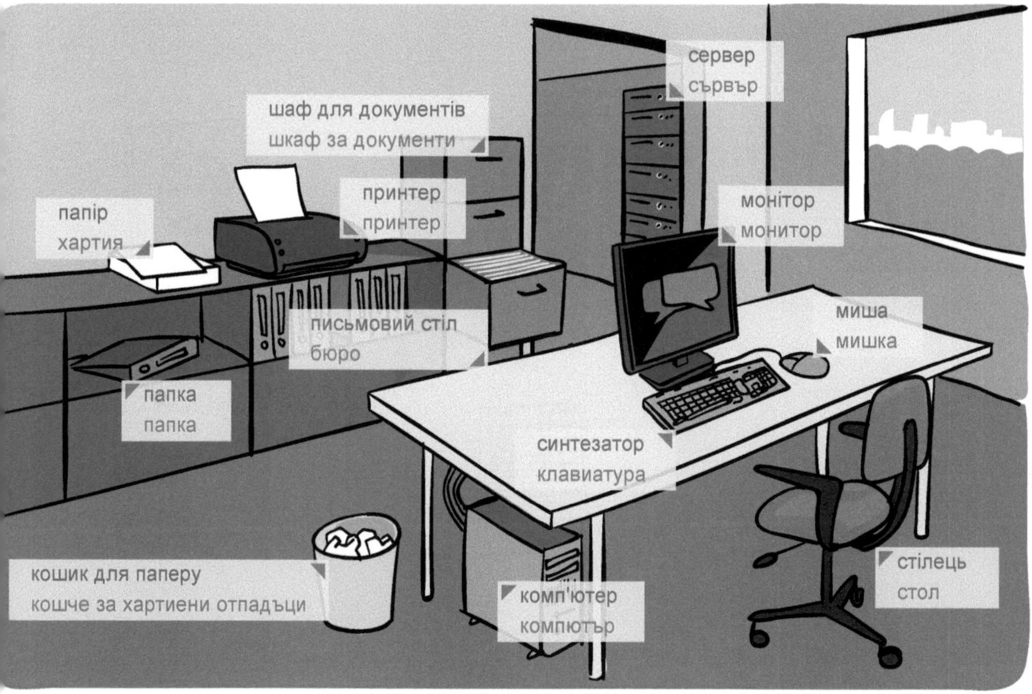

кавовий кухоль
....
чаша за кафе

калькулятор
....
джобен калкулатор

інтернет
....
интернет

ноутбук

лаптоп

лист

писмо

повідомлення

съобщение

мобільний телефон

мобилен телефон

мережа

мрежа

копіювальний пристрій

ксерокс

програмне забезпечення

софтуер

телефон

телефон

розетка

контакт

факс

факс

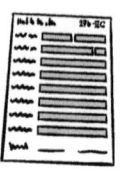

бланк

формуляр

документ

документ

офіс - офис

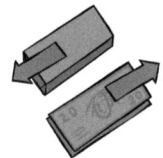

купувати

купувам

платити

плащам

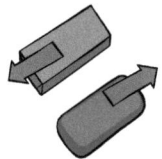

торгувати

търгувам

гроші

пари

долар

долар

євро

евро

ієна

йена

рубль

рубла

франк

швейцарски франк

юанів женьміньбі

ренминби юан

рупія

рупия

банкомат

банкомат

обмінний пункт

обменно бюро

золото

злато

срібло

сребро

нафта

нефт

енергія

енергия

ціна

цена

контракт

договор

податок

данък

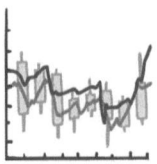

акція

акция

працювати

работя

працівник

служител

роботодавець

работодател

фабрика

фабрика

магазин

магазин за цветя

професії

професии

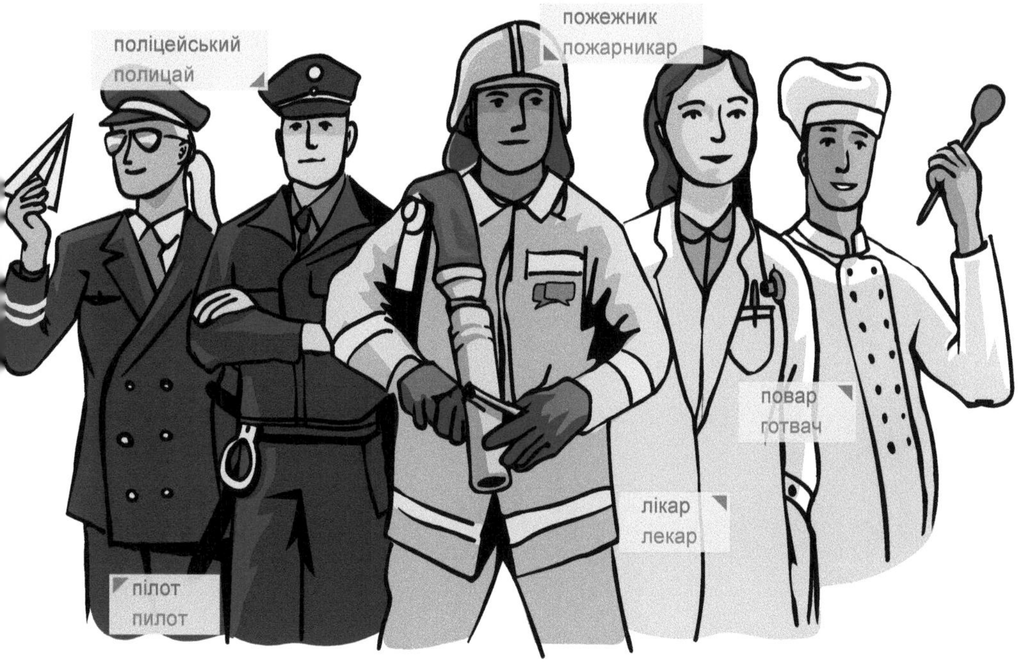
поліцейський
полицай
пожежник
пожарникар
повар
готвач
лікар
лекар
пілот
пилот

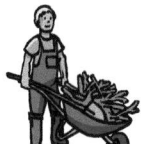

садівник

градинар

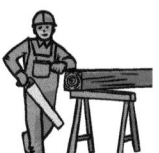

столяр

мебелист

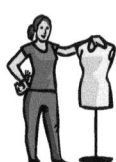

швачка

шивачка

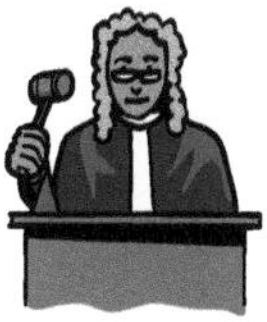

суддя

съдия

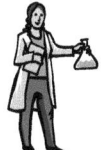

хімік

химик

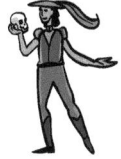

актор

артист

водій автобуса

шофьор на автобус

таксист

шофьор на такси

рибалка

рибар

прибиральниця

чистачка

покрівельник

майстор на покриви

офіціант

келнер

мисливець

ловец

художник

художник

пекар

хлебар

електрик

електротехник

будівельник

строителен работник

інженер

инженер

забійник

касапин

бляхар

тенекеджия

листоноша

пощальон

солдат

войник

архітектор

архитект

касир

касиер

флорист

цветар

перукар

фризьор

кондуктор

кондуктор

механік

механик

капітан

капитан

дантист

зъболекар

вчений

научен работник

рабин

равин

імам

имàм

монах

монах

пастор

свещеник

інструменти
инструменти

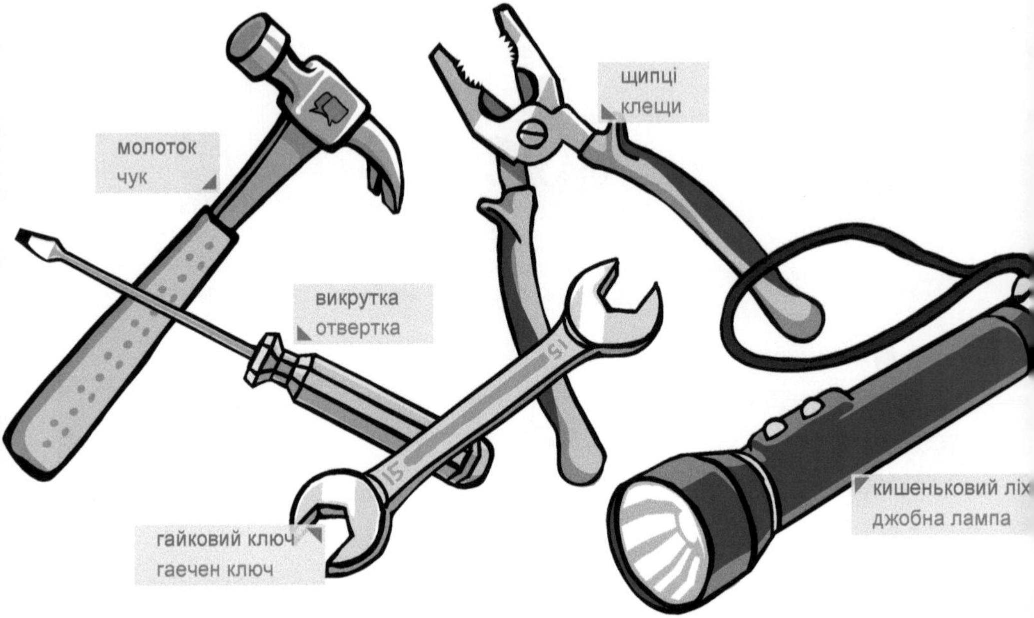
молоток
чук
щипці
клещи
викрутка
отвертка
гайковий ключ
гаечен ключ
кишеньковий ліх
джобна лампа

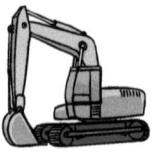

екскаватор

багер

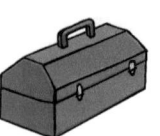

ящик для інструментів

кутия за инструменти

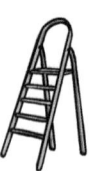

драбина

стълба

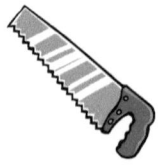

пилка

трион

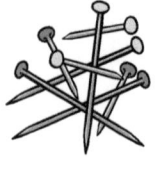

цвяхи

пирони

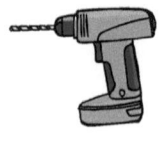

свердло

бормашина

ремонтувати
ремонтирам

лопата
лопата

лайно!
По дяволите!

совок
лопатка за смет

відро з фарбою
кутия за боя

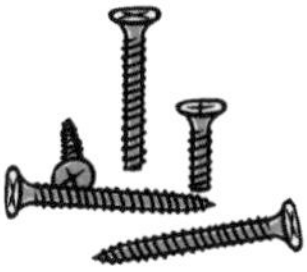

гвинти
болтове

музичні інструменти
музикални инструменти

ударна установка
ударни інструменти

динамік
високоговорител

контрабас
контрабас

труба
тромпет

гітара
китара

фортепіано

пиано

скрипка

виолина

бас

контрабас

литаври

тимпан

барабан

барабан

клавіатура

електрическо пиано

саксофон

саксофон

флейта

флейта

мікрофон

микрофон

зоопарк

зоологическа градина

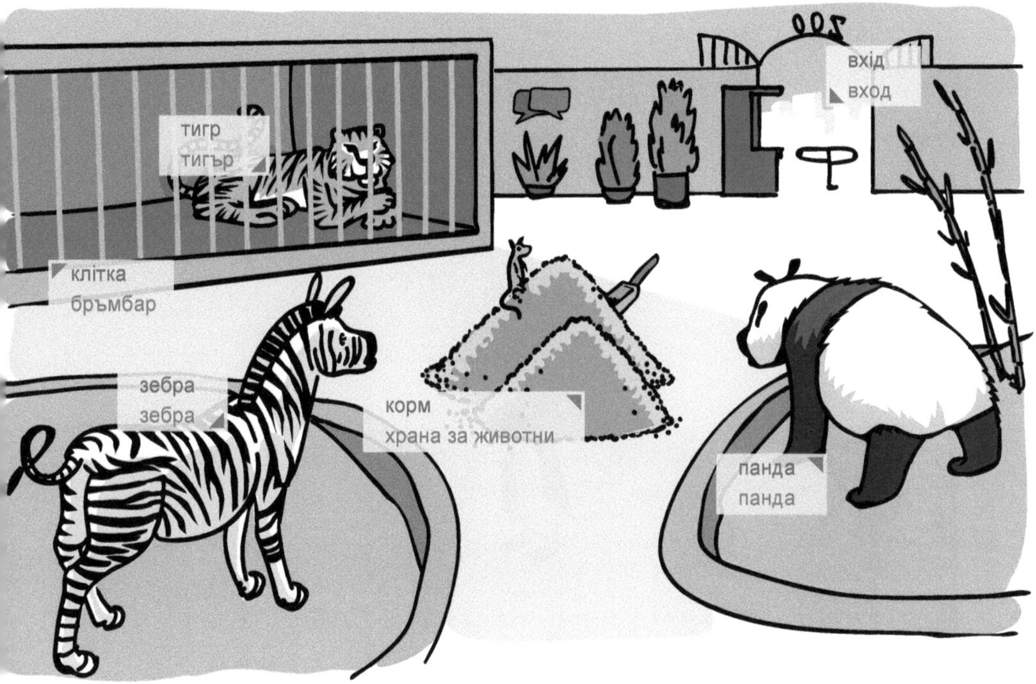

вхід
вход
тигр
тигър
клітка
бръмбар
зебра
зебра
корм
храна за животни
панда
панда

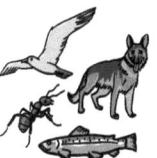

тварини
животни

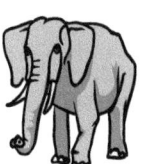

слон
слон

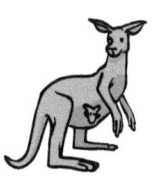

кенгуру
кенгуру

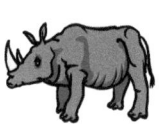

носоріг
носорог

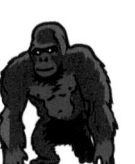

горила
горила

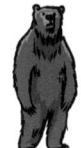

ведмідь
мечка

верблюд

камила

страус

щраус

лев

лъв

мавпа

маймуна

фламінго

фламинго

папуга

папагал

білий ведмідь

бяла мечка

пінгвін

пингвин

акула

акула

павич

паун

змія

змия

крокодил

крокодил

працівник зоопарку

пазач в зоологическа
градина

тюлень

тюлен

ягуар

ягуар

поні

пони

леопард

леопард

гіпопотам

хипопотам

жираф

жираф

орел

орел

кабан

диво прасе

риба

риба

черепаха

костенурка

морж

морж

лисиця

лисица

газель

газела

зоопарк - зоологическа градина

американський футбол
американски футбол

їзда на велосипеді
колоездене

теніс
тенис

баскетбол
баскетбол

плавання
плуване

хокей
хокей на лед

бокс
бокс

футбол
футбол

бадмінтон
бадминтон

легка атлетика
лека атлетика

гандбол
хандбал

лижні перегони
ски бягане

поло
поло

дії

дейности

стрибати
скачам
обіймати
прегръщам
сміятися
смея се
йти
вървя
співати
пея
мріяти
сънувам
молитися
моля се
цілувати
целувам

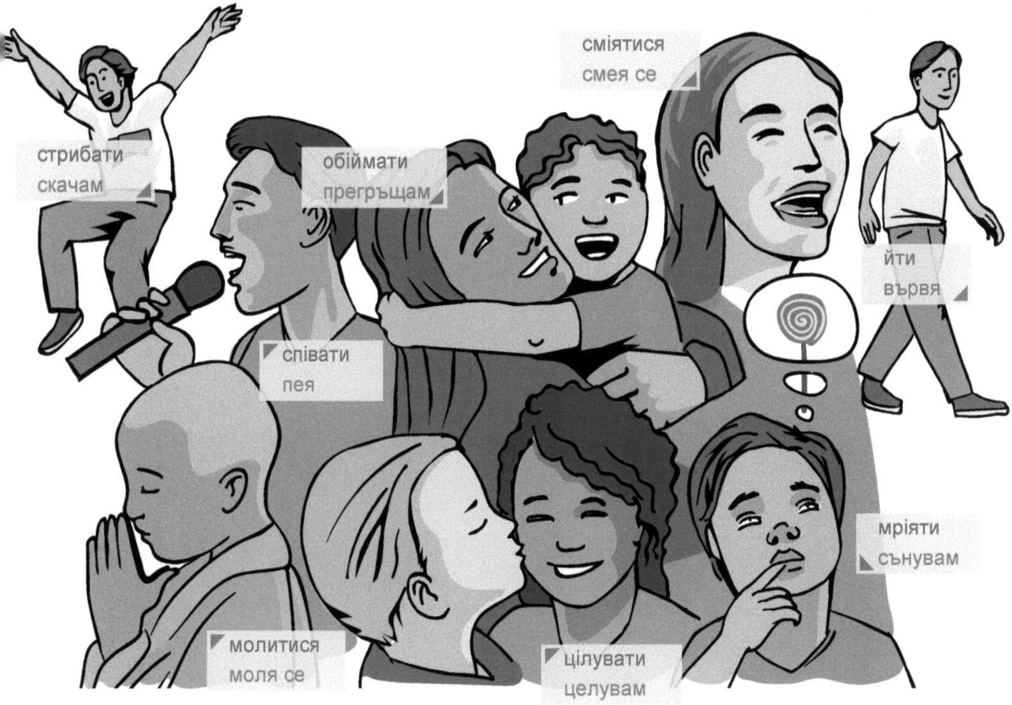

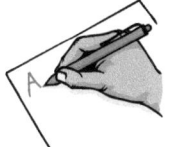

писати

пиша

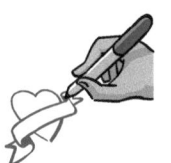

малювати

рисувам

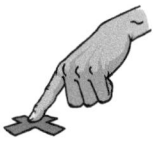

показувати

показвам

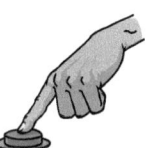

тиснути

бутам

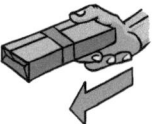

давати

давам

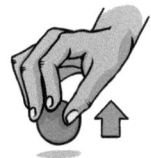

брати

взимам

мати
имам

робити
правя

бути
съм

стояти
стоя

бігати
тичам

тягнути
дърпам

кидати
хвърлям

падати
падам

лежати
лежа

очікувати
чакам

носити
нося

сидіти
седя

одягати
обличам

спати
спя

просипатися
събуждам се

дії - дейности

дивитися

разглеждам

плакати

плача

гладити

милвам

розчісувати

реша се

розмовляти

говоря

розуміти

разбирам

питати

питам

слухати

слушам

пити

пия

їсти

ям

прибирати

разтребвам

любити

обичам

варити

готвя

їхати

карам автомобил

літати

летя

йти під вітрилом

плавам (с платна)

рахувати

смятане

читати

чета

вчитися

уча

працювати

работя

одружуватися

женя се

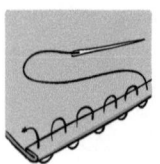

шити

шия

чистити зуби

измивам си зъбите

убивати

убивам

курити

пуша

посилати

изпращам

сім'я

семейство

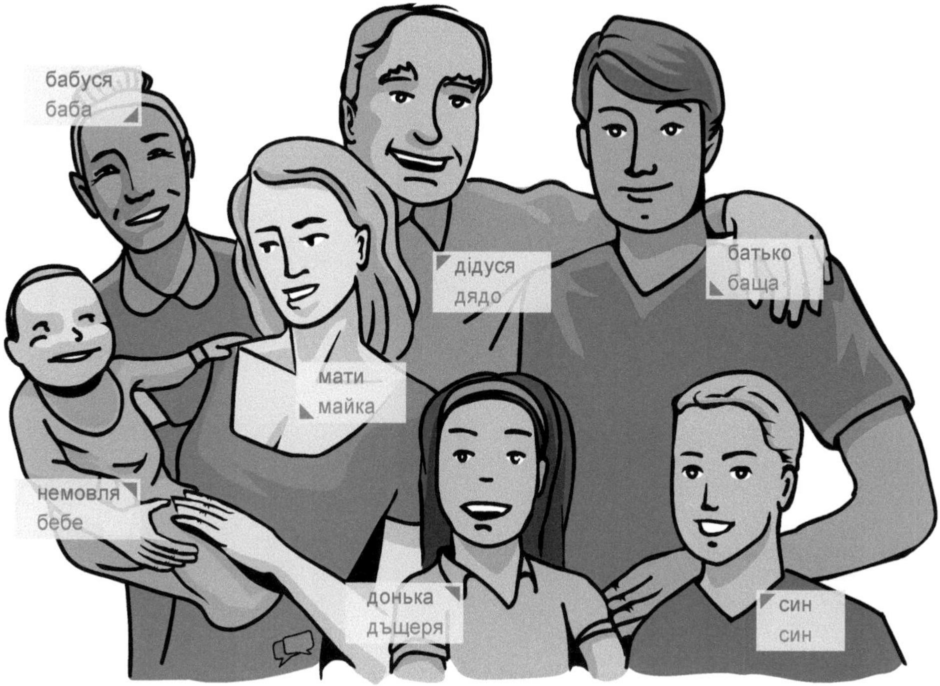

бабуся
баба
дідуся
дядо
батько
баща
мати
майка
немовля
бебе
донька
дъщеря
син
син

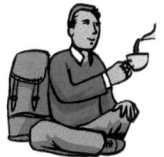

гість
посетител

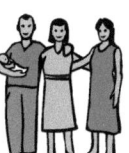

тітка
леля

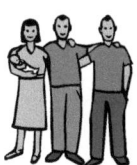

дядько
чичо

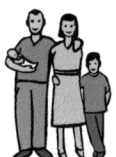

брат
брат

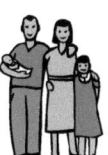

сестра
сестра

тіло

тяло

чоло
чело
око
око
плече
рамо
палець
пръст
обличчя
лице
підборіддя
брадичка
кисть
ръка
нога
крак
груди
гърди
рука
ръка

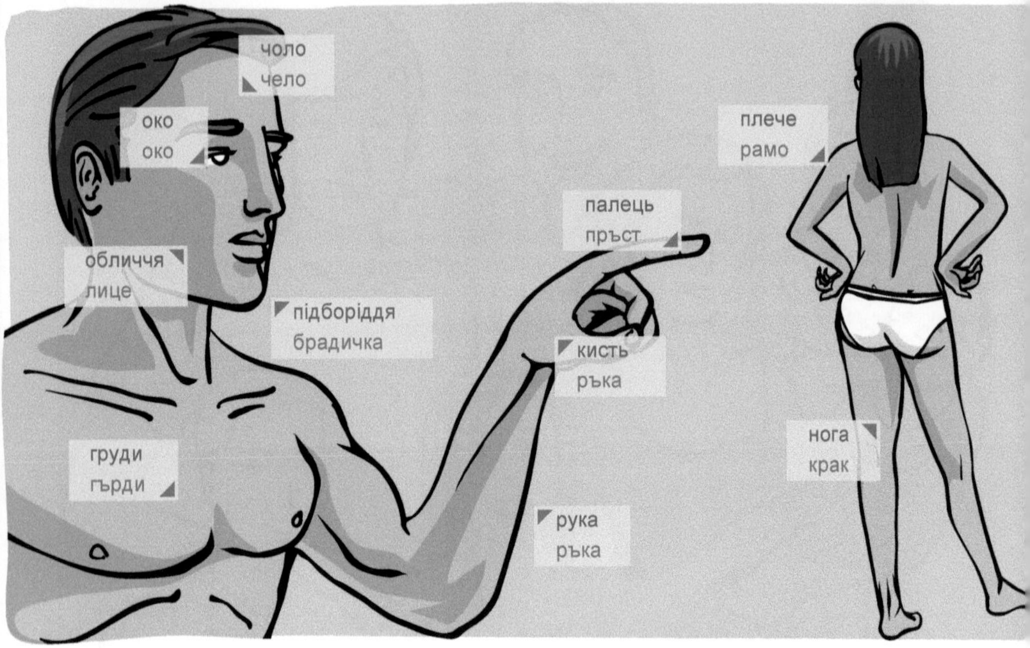

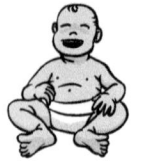

немовля

бебе

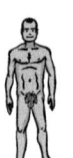

чоловік

мъж

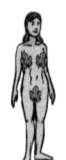

жінка

жена

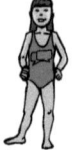

дівчина

момиче

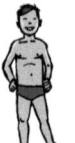

хлопчик

момче

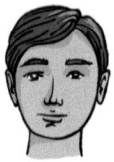

голова

глава

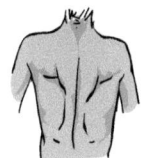

спина

гръб

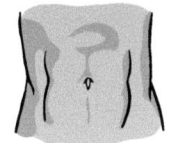

живіт

корем

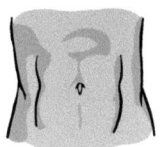

пуп

пъп

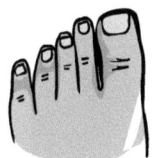

палець ноги

пръст на крака

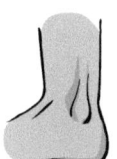

п'ята

пета

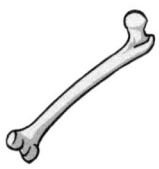

кістка

кост

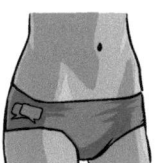

стегно

хълбок

коліно

коляно

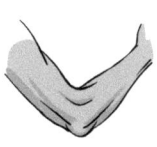

лікоть

лакът

ніс

нос

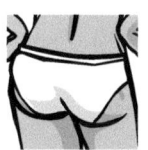

сідниці

седалище

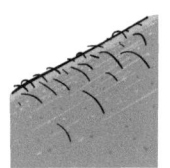

шкіра

кожа

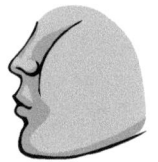

щока

буза

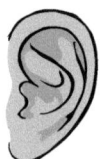

вухо

ухо

губа

устна

тіло - тяло

рот

уста

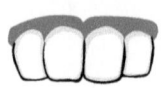

зуб

зъб

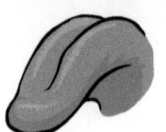

язик

език

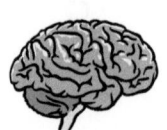

мозок

мозък

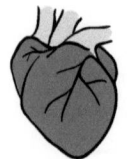

серце

сърце

м'яз

мускул

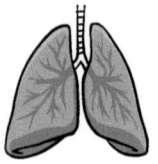

легені

бял дроб

печінка

черен дроб

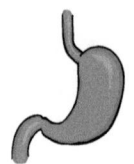

шлунок

стомах

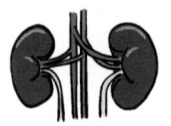

нирки

бъбреци

статевий акт

полово сношение

презерватив

кондом

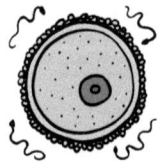

яйцеклітина

яйцеклетка

сперма

сперма

вагітність

бременност

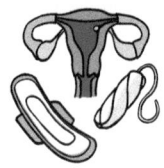

менструація

менструация

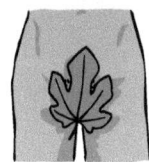

вагіна

вагина

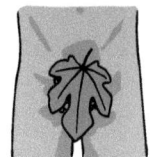

пеніс

пенис

брова

вежда

волосся

коса

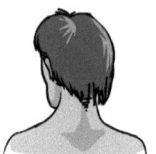

шия

шия

лікарня
болница

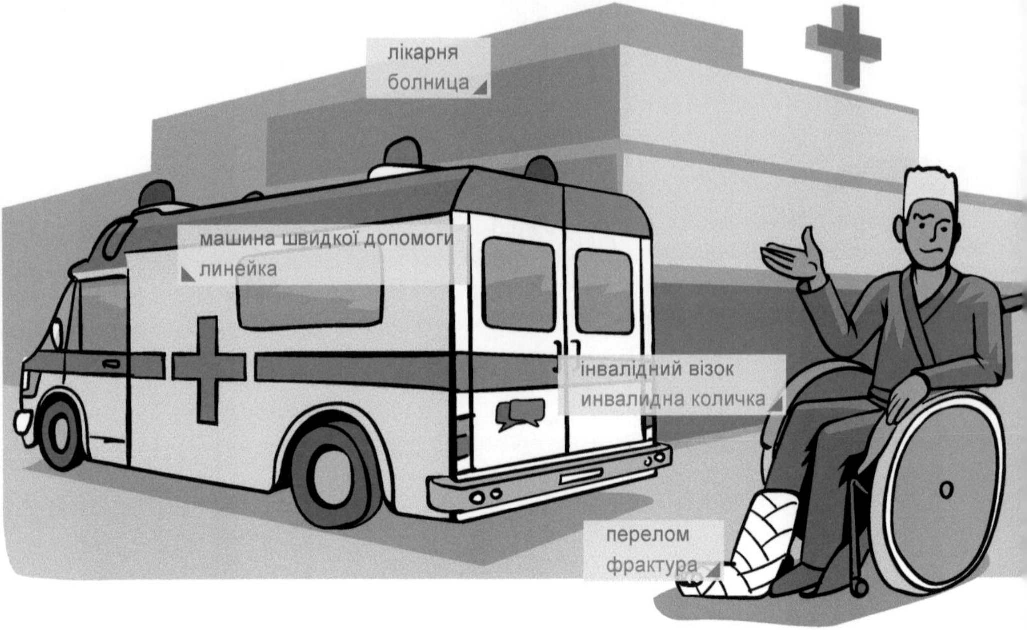

лікарня
болница
машина швидкої допомоги
линейка
інвалідний візок
инвалидна количка
перелом
фрактура

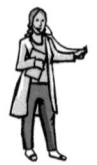

лікар

лекар

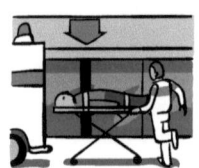

відділення швидкої медичної допомоги

спешна хоспитализация

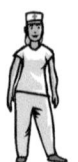

медсестра

медицинска сестра

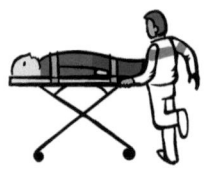

аварійний випадок

спешен случай

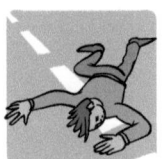

непритомний

в безсъзнание

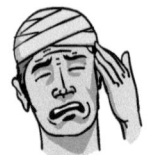

біль

болка

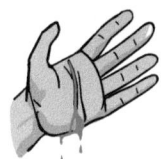

травма

нараняване

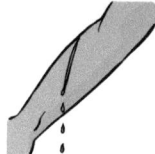

кровотеча

кървене

інфаркт

инфаркт

інсульт

инсулт

алергія

алергия

кашель

кашлица

лихоманка

температура

грип

грип

пронос

диария

головна біль

главоболие

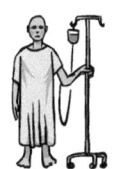

рак

рак

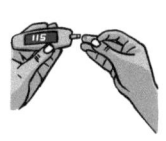

діабет

диабет

хірург

хирург

скальпель

скалпел

операція

операция

КТ

комп'ютърна томография

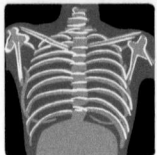

рентген

рентген

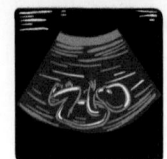

ультразвук

ултразвук

маска

маска

хвороба

болест

зал очікування

чакалня

милиця

патерица

пластир

пластир

пов'язка

превръзка

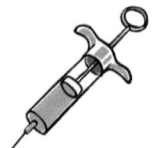

ін'єкція

инжекция

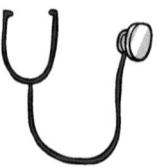

стетоскоп

стетоскоп

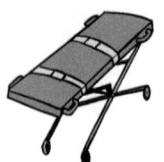

ноші

носилка

термометр

термометър

народження

раждане

надмірна вага

наднормено тегло

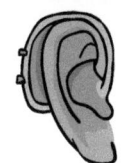

слуховий апарат

слухов апарат

дезінфікуючий засіб

дезинфекционно средство

інфекція

инфекция

вірус

вирус

ВІЛ / СНІД

HIV / AIDS

медицина

медицина

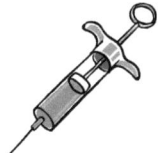

вакцинація

ваксинация

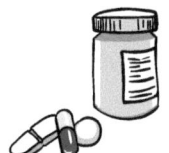

таблетки

таблети

протизаплідна пігулка

противозачатъчна
таблетка

екстрений виклик

спешно телефонно
обаждане

тонометр

апарат за измерване на
кръвното налягане

хворий / здоровий

болен / здрав

Допоможіть!

Помощ!

напад

нападение

атака

атака

небезпека

опасност

аварійний вихід

аварихен изход

Вогонь!

Пожар!

вогнегасник

пожарогасител

аварія

злополука

аптечка

комплект за оказване на
първа помощ

СОС

SOS

поліція

полиция

Європа

Европа

Північна Америка

Северна Америка

Південна Америка

Южна Америка

Африка

Африка

Азія

Азия

Австралія

Австралия

Атлантика

Атлантически океан

Тихий океан

Тихи океан

Індійський океан

Индийски океан

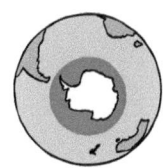

Антарктичний океан

Южен ледовит океан

Північний Льодовитий океан

Северен ледовит океан

Північний полюс

Северен полюс

Південний полюс
Южен полюс

Антарктика
Антарктида

Земля
Земя

суша
суша

море
море

острів
остров

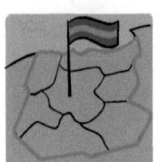

нація
нация

держава
държава

циферблат

циферблат

годинникова стрілка

стрелка на часовете

хвилинна стрілка

стрелка на минутите

секундна стрілка

стрелка на секундите

Котра година?

Колко е часът?

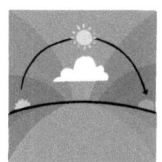

день

ден

час

време

зараз

сега

цифровий годинник

дигитален часовник

хвилина

минута

година

час

Понеділок / понеделник

MO

Середа / сряда

W

П'ятниця / петък

FR

TU

TH

Субота / събота

SA

SO

Вівторок / вторник

Четвер / четвъртък

Неділя / неделя

вчора

вчера

сьогодні

днес

завтра

утре

ранок

сутрин

опівдні

обед

вечір

вечер

робочі дні

работни дни

кінець робочого тижня

уикенд

рік

година

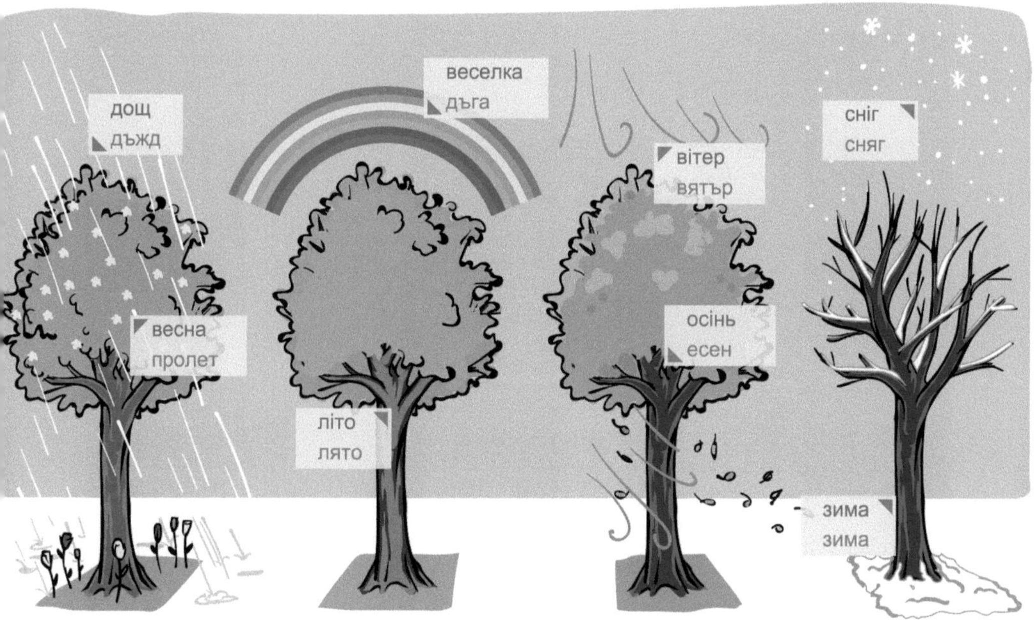
дощ
дъжд
веселка
дъга
вітер
вятър
сніг
сняг
весна
пролет
літо
лято
осінь
есен
зима
зима

4.APRIL 11°
5.APRIL 4°
6.APRIL 13°
7.APRIL 8°
8.APRIL 10°

прогноз погоди

прогноза за времето

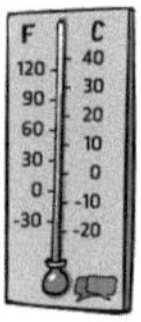
F C
120 40
90 30
60 20
30 10
0 0
-30 -10
-20

термометр

термометър

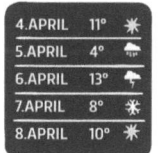

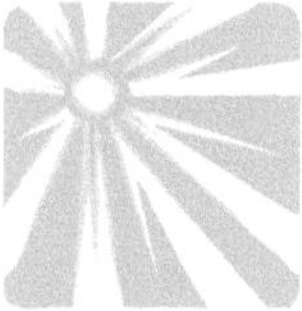

сонячне світло

слънчева светлина

хмара

облак

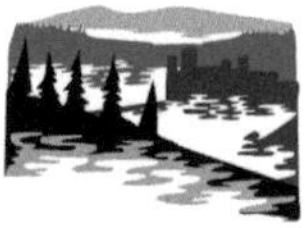

туман

мъгла

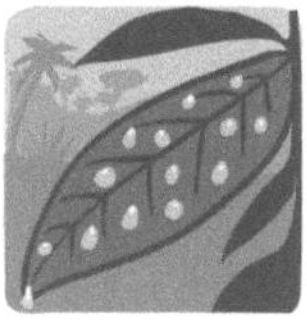

вологість повітря

влажност на въздуха

блискавка

светкавица

грім

гръмотевица

шторм

буря

град

градушка

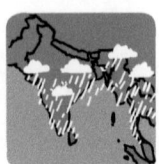

мусон

мусон

повінь

наводнение

лід

лед

Січень

януари

Лютий

februари

Березень

март

Квітень

април

Травень

май

Червень

юни

Липень

юли

Серпень

август

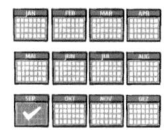

Вересень

септември

Жовтень

октомври

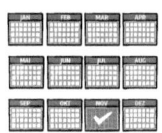

Листопад

ноември

Грудень

декември

круг

кръг

квадрат

квадрат

прямокутник

четириъгълник

трикутник

триъгълник

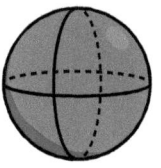

куля

сфера

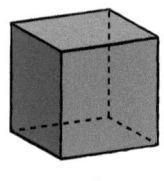

куб

куб

білий

бял

жовтий

жълт

помаранчевий

оранжев

рожевий

розов

червоний

червен

фіолетовий

лилав

синій

син

зелений

зелен

коричневий

кафяв

сірий

сив

чорний

черен

багато / мало

много / малко

лютий / мирний

ядосан / спокоен

гарний / бридкий

красив / грозен

початок / кінець

начало / край

великий / малий

голям / малък

світлий / темний

светъл / тъмен

брат / сестра

брат / сестра

чистий / брудний

чист / мръсен

завершений /
незавершений
пълен / непълен

день / ніч

ден / нощ

мертвий / живий

мъртъв / жив

широкий / вузький

широк / тесен

їстівний / неїстівний

ядлив / неядлив

злий / дружній

сърдит / любезен

збуджений / нудьгуючий

развълнуван / скучаещ

товстий / тонкий

дебел / тънък

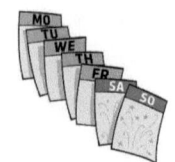

спочатку / востаннє

най-напред / най-накрая

друг / ворог

приятел / враг

повний / порожній

пълен / празен

жорсткий / м'який

твърд / мек

важкий / легкий

тежък / лек

голод / спрага

глад / жажда

хворий / здоровий

болен / здрав

незаконний / законний

нелегален / легален

розумний / дурний

интелигентен / глупав

вліво / вправо

ляво / дясно

поруч / далеко

близо / далече

новий / використаний

нов / употребяван

нічого / щось

нищо / нещо

старий / молодий

стар / млад

вкл / викл

вкл. / изкл.

відкрито / закрито

отворен / затворен

тихо / гучно

тих / силен (звук)

багатий / бідний

богат / беден

правильно / неправильно

правилен / погрешен

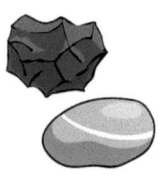

шорсткий / гладкий

грапав / гладък

сумний / щасливий

тъжен / щастлив

короткий / довгий

дълъг / къс

повільно / швидко

бавен / бърз

вологий / сухий

мокър / сух

гарячий / холодний

топъл / студен

війна / мир

война / мир

0

нуль

нула

1

один

едно

2

два

две

3

три

три

4

чотири

четири

5

п'ять

пет

6

шість

шест

7

сім

седем

8

вісім

осем

9

дев'ять

девет

10

десять

десет

11

одинадцять

единадесет

12
дванадцять
дванадесет

13
тринадцять
тринадесет

14
чотирнадцять
четиринадесет

15
п'ятнадцять
петнадесет

16
шістнадцять
шестнадесет

17
сімнадцять
седемнадесет

18
вісімнадцять
осемнадесет

19
дев'ятнадцять
деветнадесет

20
двадцять
двадесет

100
сто
сто

1.000
тисяча
хиляда

1.000.000
мільйон
милион

англійська

английски

американська англійська

американски английски

китайська
високочиновницька

китайски мандарин

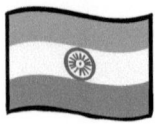

хінді

хинди

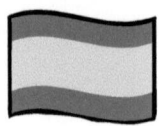

іспанська

испански

французька

френски

арабська

арабски

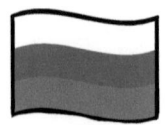

російська

руски

португальська

португалски

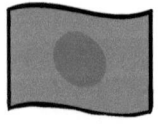

бенгальська

бенгалски

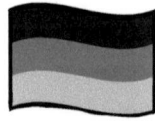

німецька

немски

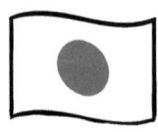

японська

японски

я
аз

ти
ти

він / вона / воно
той / тя / то

ми
ние

ви
вие

вони
те

хто?
кой?

що?
какво?

як?
как?

де?
къде?

коли?
кога?

ім'я
име

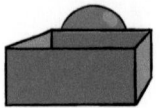

зза́ду
зад

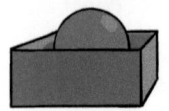

в
в

перед
пред

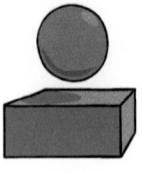

над
над

на
върху

під
под

біля
до

між
между

місце
място